Chi si preoccupa delle
Persone disabili?

Illustrazioni di **Pam Adams**

Traduzione di Simona Artanidi

Pubblicato da Child's Play (International) Ltd

© M. Twinn 1989   ISBN 0-85953-581-9   Printed in Singapore
Ristampa 1990

Molte persone sono disabili.

Alcune sono cieche…

... altre sorde

... altre mute

... altri ancora
hanno il cervello
che non funziona
molto bene...

... o non possono usare le gambe.

È importante sapere che cosa significa

essere disabile e trovarsi in condizione di
svantaggio.

In un certo senso, quasi tutti a volte ci troviamo in condizione di svantaggio.

Essere molto alto può essere un bene

... ma anche un male.

Perfino avere un talento eccezionale può determinare una condizione di svantaggio.

Ci sentiamo un po' svantaggiati quando
ci ammaliamo o ci infortuniamo.

Possiamo andare incontro a dei guai
se beviamo alcoolici...

... prendiamo droghe, fumiamo...

... o mangiamo troppo, specialmente fuori orario.

**Queste esperienze,
dovrebbero farci capire
quanto il più delle
volte siamo fortunati.**

Le persone disabili devono rassegnarsi alle loro invalidità, in tutti i momenti della loro vita.

Molti disabili riescono a condurre una vita normale.

Lavorano con accanimento per sviluppare il loro
talento: ciò li aiuta a compensare la loro invalidità.

Qualcuno ha doti particolari che
vengono divise con gli altri.

Molti disabili riescono a fare tante
cose da soli.

Molti disabili
sono tali e
quali alle
persone sane.

Possono essere gentili e servizievoli.

Ma a volte possono essere avventati e di
cattivo umore proprio come accade a tutti.

È dovere delle persone sane prendersi
cura dei disabili e aiutarli...

... se ne hanno bisogno.

I disabili spesso scherzano sui loro problemi.

Ma non dobbiamo mai scherzare alle loro spalle.

Non è carino stare ad osservarli.
Ti pare?

I disabili possono avere bisogno del nostro aiuto,
ma più di tutto hanno bisogno del nostro tempo e
della nostra partecipazione. Mai della nostra pietà!

Il tempo speso ad aiutare il prossimo
è tempo speso bene.

Dobbiamo avere pazienza,
specialmente con i più piccini…

... o con i più anziani.

Ne vale la pena!

Quindi non evitate le persone disabili!

Quando si è amici, non conta essere
in condizione di svantaggio.